AF260213

DERNIERS EFFORTS

DE LA POLITIQUE

DE BUONAPARTE

POUR SÉPARER L'ESPAGNE DE LA COALITION
FORMÉE CONTRE LUI.

DERNIERS EFFORTS

DE LA POLITIQUE

DE BUONAPARTE

POUR SÉPARER L'ESPAGNE DE LA COALITION
FORMÉE CONTRE LUI.

OU

MANIFESTE DES CORTÈS

DE LA NATION ESPAGNOLE.

Sur le Traité proposé par Buonaparte dans le mois de décembre 1813, et sur les Motifs de la conduite magnanime de la Nation, dans ce mémorable événement.

TRADUIT DE L'ESPAGNOL EN FRANÇAIS,

Par E. NUNEZ DE TABOADA, Directeur chef de l'Interprétation-générale des langues.

A PARIS,

CHEZ FIRMIN DIDOT, RUE JACOB, N° 24.
ET CHEZ DELAUNAY, GALERIES DE BOIS
DU PALAIS-ROYAL.

1814.

LES CORTÈS

A LA NATION ESPAGNOLE.

Espagnols,

Vos légitimes représentants vont vous parler avec cette noble franchise et cette noble confiance qu'inspirent, dans les crises des états libres, l'union intime de la nation, et la force irrésistible de l'opinion, écueils où viennent se briser les efforts de la violence, et les manœuvres insidieuses des tyrans. Fidèles dépositaires de vos droits, les Cortès ne croiraient pas s'acquitter dignement d'une si auguste fonction, s'ils gardaient plus long-temps un secret qui pourrait compromettre, même de loin, l'honneur et le respect dus à la personne sacrée du Roi, la tranquillité et l'indépendance de la nation ; et d'ailleurs ceux qui, pendant six ans d'une lutte pénible et sanglante, ont combattu avec gloire pour assurer la liberté de l'état, et sauver la patrie d'une usurpation étrangère, sont bien dignes de connaître sans réserve jusqu'où peuvent aller les perfides menées et les violences d'un tyran exécrable, et jusqu'à quel point une nation peut demeurer tranquille, lorsque les représentants qu'elle-même a choisis, veillent à sa défense.

Déja il ne paraissait plus possible qu'après tant de leçons fatales, Napoléon Buonaparte cherchât encore par la ruse à faire peser son joug sur cette nation héroïque, qui a su repousser ses fers, malgré sa force et son pouvoir immense. Mais, comme si nous avions pu oublier le souvenir douloureux de notre confiance imprudente en ses paroles perfides, confiance dont nous déplorons encore les suites malheureuses; comme si la résolution inaltérable que nous avions formée, guidés par le noble instinct de l'honneur espagnol, lorsqu'à peine nous avions des droits à défendre, s'était affaiblie aujourd'hui que nous pouvons enfin nous flatter d'avoir une patrie, et que nous avons tiré les institutions libérales de nos ancêtres de l'abandon et de l'oubli où elles étaient ensévelies pour notre malheur; comme si, au moment où la prospérité nous sourit en nous montrant le terme glorieux et prochain d'une lutte si inégale, nous étions moins nobles et moins fermes que nous ne l'avons été, au grand étonnement du monde, et à la honte du tyran, dans les transes les plus pénibles de l'adversité, Buonaparte a osé, dans l'aveugle égarement de son désespoir, se flatter de la vaine espérance de surprendre notre bonne foi par des promesses séductrices, et se prévaloir de notre amour envers notre roi légitime, pour compléter en même temps l'esclavage de sa personne sacrée, et la servitude honteuse de la nation.

Telle a été, Espagnols, la perfide intention de Buonaparte. Déja, graces à tant de triomphes signalés, la patrie paraissait presque sauvée, et l'installation du congrès national dans la capitale illustre de la monarchie, semblait être le plus heureux présage de son entière liberté, lorsqu'au milieu de cet événement fortuné, au moment où les Cortès commençaient de se livrer à leurs importants travaux, encouragés par la douce espérance de voir bientôt revenir leur monarque captif, délivré par la constance espagnole et le secours des alliés, ils reçurent avec étonnement, par l'organe du ministre des relations extérieures, le message de la régence du royaume, relatif à l'arrivée et à la commission du duc de San-Carlos. Il serait impossible, Espagnols, de vous peindre l'effet qu'une circonstance aussi inattendue produisit dans l'ame de vos représentants. Lisez ces pièces, comble de la perfidie d'un tyran, consultez vos cœurs, et si vous y retrouvez les mêmes affections qu'ils éprouvèrent en mai 1808, si vous sentez plus vivement l'amour de votre monarque opprimé, et la haine de son perfide oppresseur, sans pouvoir faire éclater en plaintes et en imprécations l'indignation qu'un profond silence rend encore plus éloquente, vous aurez une idée, quoique faible, de l'état de vos représentants, lorsqu'ils entendirent le récit douloureux des insultes faites à l'innocent Ferdinand, pour asservir une nation magnanime.

Il ne suffisait pas à Buonaparte de se jouer des traités, de fouler aux pieds les lois, d'insulter à la morale publique; il ne lui suffisait pas d'avoir enchaîné notre roi par une perfidie inouie, et d'avoir tenté de subjuguer l'Espagne au moment où sans méfiance elle lui tendait les bras comme au meilleur de ses amis; il ne suffisait pas à sa vengeance d'avoir porté chez une nation généreuse tous les fléaux désolants de la guerre, et les calamités de la politique la plus perverse, il fallait encore qu'il mît en usage les violences de toute espèce, pour obliger un monarque infortuné à mettre son nom auguste au bas d'un traité honteux; il fallait encore qu'il nous présentât ce pacte conclu entre la victime et son bourreau, comme le moyen de terminer une guerre qui avait été aussi funeste aux usurpateurs que glorieuse à notre patrie, Buonaparte enfin voulait obtenir d'une trame grossière, au moment même où il chancelait sur son trône usurpé, ce qu'il n'avait pu obtenir par la force des armes, quand les empires s'ébranlaient à sa voix, et qu'il menaçait de ses fers la liberté de l'Europe entière. Aussi aveugle dans le délire de son impuissante fureur, qu'insensé et téméraire dans le rêve de sa prospérité, Buonaparte ne connut pas la trempe de nos ames, ni la fermeté de notre caractère ; il avait été facile à sa politique astucieuse de tromper ou de corrompre un cabinet, ou la foule des courtisans, mais il n'avait pas prévu que toutes ses ruses et ses intrigues échoueraient contre une nation entière instruite à l'école du malheur, et possédant, dans la liberté de la presse, et le corps de ses représentants, le préservatif le plus assuré contre les attentats de l'intérieur, et l'ambition de l'étranger.

Buonaparte n'a pas su même déguiser le lâche artifice de sa politique. Ces pièces, la contexture mal - adroite des clauses qu'elles contiennent, leurs dates, et jusqu'au langage même, décèlent la main de leur perfide auteur.

C'est en vain que notre plus cruel ennemi fait passer ses perfides conseils par la bouche de l'auguste Ferdinand, aucun Espagnol ne reconnaîtra à ce langage la voix de ce Monarque tant desiré, cette voix qui n'a retenti que quelques instants à nos oreilles depuis le règne de Pélage, mais en nous promettant des lois bienfaisantes et une juste liberté, et qui nous a appris à ne jamais confondre avec elle des accents qui ne seraient pas inspirés par la félicité et la gloire de la Nation. Le prince, compagnon de nos infortunes, qui a vu la patrie victime de son alliance désastreuse avec la France, est innocent de ces manœuvres perfides ; il ne peut desirer aujourd'hui réellement de sceller sous ce faux titre, par un traité inique, l'asservissement d'une nation héroïque qui a trop connu sa dignité pour rentrer dans les fers d'une ambition étrangère. Le vertueux Ferdinand n'a pas pu acheter par un traité infâme, ni accepter comme un don de la part de son assassin, le glorieux titre de Roi des Espagnes, titre que sa nation lui a reconquis, et qu'elle déposera respectueusement en ses augustes mains, titre enfin écrit avec le sang de tant de victimes, et dans lequel se trouvent sanctionnés à jamais les droits et les obligations d'un monarque juste. Le cœur magnanime de Ferdinand n'a pu être un seul instant accessible aux vils soupçons ni à une lâche ingratitude, et il n'aurait pu, sans se souiller de ce crime, vouloir s'obliger, par un traité librement consenti, à payer, par l'inimitié et les outrages, les bienfaits d'un allié généreux qui a tant contribué au soutien de son trône. Sauvé par la constance inimitable de ses sujets, dont il est le père, peut-il desirer de rentrer dans leur sein, entouré des bourreaux de sa nation, des parjures qui l'ont vendu, et qui ont versé le sang de leurs frères, et les couvrant de son manteau royal pour les soustraire à la justice nationale, souffrira-t-il que de cet asyle sacré ils insultent, impunément et d'un air de triomphe, à tant de milliers de patriotes, à tant de veuves et d'orphelins qui viendront autour du trône réclamer une juste et terrible vengeance contre ces cruels parricides? Ou ces monstres, pour prix de leur infâme trahison, obtiendront-ils des victimes même de leur rapacité la remise de leurs biens mal acquis, pour aller en jouir paisiblement sur une terre étrangère, pendant que nos campagnes abandonnées, nos villes désertes ou réduites en cendres, ne font entendre que les accents de la misère et les cris du désespoir ?

Ce serait une honte que de le penser ; il y aurait de l'infâmie à y consentir : jamais cette

nation héroïque ni son vertueux monarque n
se souilleront d'une tache aussi flétrissante. L
Régence du Royaume animée par les même
principes qui ont illustré à jamais notre célèbr
révolution, a répondu dignement à la confianc
des Cortès et de la nation entière, en donnan
pour unique réponse à la commission du du
de San - Carlos une lettre respectueuse adressé
au roi Ferdinand VII, dans laquelle tout er
gardant un silence convenable sur le traité d
paix, et en faisant les plus grandes démonstra
tions de soumission et de respect envers ur
aussi bon prince, la Régence le console de tou
ses malheurs en lui faisant connaître que le
artifices de son oppresseur sont démasqués, e
que les Cortès extraordinaires, au commencement de la malheureuse année 1811, ont donné
avec une rare prévoyance et une prudence peu
commune, le plus glorieux exemple de sagesse
et de fermeté, exemple qui n'a pas été infructueux, et que nous ne pourrions oublier à
cette époque fortunée où le destin s'est déclaré
en faveur de la justice et de la liberté.

Invariables dans le dessein de soutenir cette
première impulsion, et satisfaits de la conduite
de la Régence du royaume, les Cortès atten-
dirent avec circonspection que l'enchaînement
des événements et la précipitation même du

tyran vinssent leur tracer la route honorable et assurée qu'ils devaient suivre dans des circonstances aussi critiques. Mais cette incertitude ne fut pas de longue durée : à peine quelques jours s'étaient-ils écoulés, que le ministre des relations extérieures se présenta de nouveau par ordre de la Régence pour communiquer aux Cortès les pièces apportées par don Joseph de Palafox y Melci. C'est alors que le dessein perfide de Buonaparte acheva de se montrer à nu. Dans la détresse de sa position, abhorré de son peuple, abandonné de ses alliés, voyant toutes les nations de l'Europe armées contre lui, cet homme pervers osa semer la discorde entre les puissances belligérantes ; et dans le même temps qu'il disait hautement à son peuple qu'il avait accepté les préliminaires de paix dictés par ses ennemis, pendant que l'insolente jactance de son orgueil faisait place à une modération apparente et au desir simulé de mettre un terme aux maux que son ambition démesurée avait attirés sur la France, il tentait, à l'aide de ce traité insidieux arraché par la force à notre infortuné monarque, de nous séparer de la cause commune de l'Europe, de déconcerter, par notre défection, le vaste plan formé par des princes illustres pour rétablir l'équilibre du continent, et de nous réduire peut-être à l'extrémité affreuse de tourner nos armes contre nos fidèles alliés, contre les illustres guerriers accourus à notre défense. Mais ces crimes ne suffisaient pas à Buonaparte, il se promettait encore des résultats plus scandaleux de son abominable trame ; il ne suffisait pas à sa scélératesse de déshonorer aux yeux des autres nations un peuple qui avait donné le plus bel exemple de vertu et d'héroïsme ; il voulait encore que, sous une feinte apparence de fidélité à leur roi, ceux qui l'avaient abandonné dès le principe, ceux qui avaient vendu leur patrie, ceux qui, s'opposant à la liberté de la nation, cherchaient à saper en même temps les bases du trône, se déclarassent résolus à soutenir, comme étant la volonté de notre monarque captif, les suggestions perfides de l'usurpateur de sa couronne, et que, séduisant les hommes peu réfléchis, instigant les faibles, et réunissant sous l'étendard d'une loyauté empruntée tous ceux qui ne voyaient pas avec plaisir les nouvelles institutions, ils allumassent la guerre civile parmi cette nation infortunée, afin que, déchirée dans son propre sein, et réduite enfin au désespoir, elle se livrât d'elle-même à un usurpateur audacieux.

Des intentions aussi perfides n'ont pù échap-

per aux représentants de la nation. Certains
àlors que la noble et franche communication
faite par la Régence du royaume aux puissances alliées avait donné à tous les princes
de l'Europe des nouveaux témoignages de la
perfidie de l'ennemi commun et de notre ferme
résolution d'être fidèles à nos promesses à
quelque prix que ce fût, et de ne point quit-
ter les armes avant d'avoir assuré l'indépendance nationale et rétabli dignement sur le
trône notre monarque bien-aimé, les Cortès
jugèrent que le moment était arrivé de dé-
ployer l'énergie et la fermeté dignes des représentants d'une nation libre, afin de déjouer
les projets du tyran qui mettait tant de précipitation dans ses mesures et qui savait si
mal déguiser ses intentions perverses, et lui
faire connaître en même temps que toutes ses
machinations étaient inutiles, et que notre délicatesse et notre loyauté savent concilier le devoir de la plus respectueuse soumission au roi
avec la liberté et la gloire de la nation.

Parvenir à cette fin desirée ; fermer pour
toujours l'entrée de notre patrie à l'influence
pernicieuse de la France ; assurer de plus en
plus les bases de la constitution tant aimée du
peuple ; préserver le monarque captif, à l'é-
poque de son rétablissement sur le trône, des
conseils funestes des étrangers et des traîtres ;

écarter de la nation tous les maux que l'imagination la plus ombrageuse pourrait redouter : tel a été l'objet que les Cortès se sont proposé, en délibérant sur un point d'une aussi haute importance, et en rendant le décret du 2 février de la présente année. Ils ont trouvé la base de leur conduite dans la constitution; le célèbre décret du 1er janvier 1811 leur a servi de règle; et quant à ce qui leur manquait pour le complément de leur tâche, ils ne l'ont pas trouvé dans les calculs profonds de la politique, ni dans la science difficile de la législation, mais dans ces sentiments d'honneur et de vertu qui animent tous les enfants de la nation espagnole, dans ces sentiments qui se sont déployés avec tant d'héroïsme au commencement de notre sainte insurrection, et qui ne se sont pas démentis un seul instant dans une lutte aussi prolongée. Ce sont ces sentiments qui ont dicté le décret, et qui ont fait donner à cet acte par tous les Espagnols la sanction la plus libre et la plus auguste; et si le tyran orgueilleux n'a pas daigné faire, dans le traité de paix, la moindre allusion à la constitution jurée par la nation entière, et reconnue par les plus puissants potentats; si, en contraignant lâchement la volonté de l'auguste Ferdinand, il a oublié que ce prince débonnaire, après sa captivité, ordonna à la nation de se réunir en Cortès pour travailler à sa propre félicité, les représentants de cette nation héroïque viennent de proclamer solennellement que, fermes dans la résolution de soutenir le trône de leur monarque légitime, trône qui n'est jamais plus solide que lorsqu'il est appuyé sur des lois sages et une constitution fondamentale, ils ne feront ni paix, ni trèves, ni traités avec celui dont la perfidie cherche à maintenir dans une honteuse indépendance l'auguste Roi des Espagnes, ou attenter aux droits que la nation a eu le bonheur de recouvrer.

Amour à la religion, à la constitution et au roi : que ce soit là, Espagnols, le lien indissoluble qui unisse tous les enfants de ce vaste empire, dans les quatre parties du monde ; que ce soit le cri de réunion qui déconcerte désormais, comme aujourd'hui, les plus astucieuses machinations des tyrans ; que ce soit enfin le sentiment indestructible qui anime tous les cœurs, qui retentisse sur toutes les lèvres, et qui arme le bras de chaque espagnol dans les dangers de la Patrie.

Madrid, 19 février 1814. = *Antoine Joachim Perez*, président. = *Antoine Diaz*, député, secrétaire. = *Joseph Marie Guthierez de Teran*, député, secrétaire.

PIÈCES.

Nº 1.

Pleins pouvoirs donnés par Napoléon Buona-
parte au comte de La Forest.

Napoléon, empereur des Français, roi d'Italie, protecteur de la confédération du Rhin,
médiateur de la confédération Suisse, etc. etc.
A tous ceux qui ces présentes verront : salut.
Desirant faire cesser les hostilités, et concourir
au rétablissement d'une paix solide et durable
entre la France et l'Espagne, prenant entière
confiance dans la fidélité du comte de La Forest, membre de notre conseil d'Etat, grand
officier de la légion d'Honneur, etc., Nous lui
donnons plein et absolu pouvoir, commission
et mandement spécial, pour, en notre nom et
avec le plénipotentiaire nommé à cet effet par
S. A. R. le prince des Asturies, et pareillement
revêtu de pleins pouvoirs, convenir, arrêter,
conclure et signer, conformément à ses instructions, tels traités, articles, conventions et autres actes qu'il jugera bon être ; promettant

d'accomplir et d'exécuter ponctuellement tout ce que notre plénipotentiaire aura promis et signé en vertu du présent pouvoir, et d'en faire expédier les lettres de ratification en bonne forme, pour qu'elles soient échangées dans le temps dont il sera convenu. En foi de quoi sont données les présentes, signées, contre-signées et revêtues de notre sceau.

Au palais des Tuileries, le 1er décembre 1813.　　　　　NAPOLÉON.

Par l'Empereur. Le ministre des relations extérieures, CAULINCOURT, duc de Vicence, (L. S.)

Pour copie conforme,
Joseph LUYANDO.

N° 2.

Pleins pouvoirs donnés par S. M. Don Ferdi-nand VII au duc de San-Carlos.

Mon cousin le duc de San-Carlos, désirant faire cesser les hostilités, et concourir au réta-blissement d'une paix solide et durable entre l'Espagne et la France, et par suite des propo-sitions de paix qui m'ont été faites par l'Empe-reur des Français, roi d'Italie, prenant entière confiance en votre fidélité, je vous donne plein et absolu pouvoir, et charge expresse de traiter en notre nom, conclure et signer avec le plénipotentiaire nommé à cet effet par l'Empereur des Français, roi d'Italie, tels traités, articles, conventions, et autres actes que vous jugerez convenir ; promettant d'accomplir et d'exécuter ponctuellement tout ce que, en qualité de plénipotentiaire, vous aurez promis et signé en vertu du présent pouvoir, et d'en faire expédier les lettres de ratification en bonne forme, pour qu'elles soient échangées à l'époque dont il sera convenu.

A Valançay, le 4 décembre 1813.

FERDINAND. ══ Au duc de San-Carlos.

Pour copie conforme,
JOSEPH LUYANDO.

N° 3.

Traité de paix et d'amitié entre S. M. Don Ferdinand VII et Napoléon Buonaparte.

Sa Majesté Catholique et sa Majesté l'Empereur des Français, roi d'Italie, protecteur de la confédération du Rhin, médiateur de la confédération Suisse, également animés du desir de faire cesser les hostilités, et de conclure un traité de paix définitif entre les deux puissances, ont nommé Plénipotentiaires à cet effet, savoir :

S. M. D. Ferdinand, D. Joseph Michel de Carvajal, duc de San-Carlos, comte del Puerto, Grand maître héréditaire des postes des Indes, Grand d'Espagne de la première classe, Mayordome major de S. M. C., Lieutenant-général des armées, Gentilhomme de la chambre en exercice, Grand' croix et commandeur de différents ordres, etc.

Et S. M. l'Empereur et Roi, M. Antoine-René-Charles-Mathurin, comte de La Forest, membre de son conseil d'Etat, Grand-officier de la légion d'Honneur, Grand' croix de l'ordre impérial de la Réunion, etc.

Lesquels, après l'échange de leurs pleins pouvoirs respectifs, sont convenus des articles suivants.

ART. 1.

Il y aura à l'avenir et à dater de la ratification du présent traité, paix et amitié entre S. M. Ferdinand VII et ses successeurs, et S. M. l'Empereur et Roi et ses successeurs.

ART. 2.

Toutes les hostilités, tant sur terre que sur

mer, cesseront entre les deux nations, à savoir :
dans leurs possessions continentales d'Europe
immédiatement après l'échange des ratifications ; quinze jours après sur les mers qui bai-
gnent les côtes d'Europe et celles d'Afrique,
en-deçà de l'Équateur ; quarante jours après
ledit échange dans les pays et mers d'Afrique
et d'Amérique, au-delà de l'Équateur, et trois
mois après dans les pays et les mers situés à
l'est du Cap de Bonne-Espérance.

Art. 3.

S. M. l'Empereur des Français, Roi d'Italie,
reconnaît D. Ferdinand et ses successeurs, selon
l'ordre d'hérédité établi par les lois fondamen-
tales d'Espagne, comme Rois des Espagnes et
des Indes.

Art. 4.

S. M. l'Empereur et Roi, reconnaît l'intégrité du territoire d'Espagne, telle qu'elle exis-
tait avant la guerre actuelle.

Art. 5.

Les provinces et places actuellement occupées par les troupes françaises, seront remises
dans l'état où elles se trouveront aux gouverneurs et aux troupes espagnoles qui y seront
envoyés par le Roi.

(19)

Art. 6.

S. M. le roi Ferdinand s'engage de son côté
à maintenir l'intégrité du territoire d'Espagne,
des îles, places et présides adjacents, et notamment de Mahon et de Ceuta. Il s'engage à faire
évacuer les provinces, places et territoires par
les gouverneurs et l'armée britannique.

Art. 7.

Une convention militaire sera conclue entre
un commissaire français et un commissaire
espagnol, pour que l'évacuation des provinces
espagnoles occupées par les Français ou par les
Anglais, soit faite simultanément.

Art. 8.

S. M. Catholique et S. M. l'Empereur et Roi
s'engagent réciproquement à maintenir l'indépendance de leurs droits maritimes, tels qu'ils
ont été stipulés dans le traité d'Utrecht, et
tels que les deux nations les avaient maintenus
jusqu'en 1792.

Art. 9.

Tous les Espagnols qui ont été attachés au
roi Joseph, et qui l'ont servi dans les emplois
civils, politiques et militaires, ou qui l'ont

suivi , rentreront dans les honneurs , droits et prérogatives dont ils jouissaient. Tous les biens dont ils auraient été privés leur seront restitués. Ceux qui voudraient rester hors d'Espagne , auront un terme de dix ans pour vendre leurs biens , et prendre tous les arrangements nécessaires à leur nouvel établissement. Leurs droits aux successions qui s'ouvriraient en leur faveur leur seront conservés, et ils pourront jouir de leurs biens , et en disposer sans être soumis au droit d'aubaine ou de détraction , ou à tout autre droit.

Art. 10.

Toutes les propriétés mobiliaires et immobiliaires, appartenant en Espagne à des Français ou à des Italiens, leur seront restituées, telles qu'ils en jouissaient avant la guerre. Toutes les propriétés séquestrées ou confisquées en France ou en Italie sur des Espagnols leur seront également restituées. Des commissaires seront nommés de part et d'autre pour régler toutes les questions contentieuses qui pourraient exister ou survenir entre des Français ou Italiens et des Espagnols, soit pour des discussions d'intérêt antérieures à la guerre, soit pour celles qui se seraient élevées depuis.

Art. 11.

Les prisonniers faits de part et d'autre seront rendus, soit qu'ils se trouvent dans les dépôts ou dans tout autre lieu, soit même qu'ils aient pris du service, à moins qu'aussitôt après la paix ils ne déclarent devant un commissaire de leur nation qu'ils veulent rester au service de la puissance chez laquelle ils se trouvent.

Art. 12.

La garnison de Pampelune, les prisonniers de Cadix, de la Corogne, des îles de la Méditerranée, et ceux de tout autre dépôt qui auraient été remis aux Anglais, seront également rendus, soit qu'ils se trouvent en Espagne, soit qu'ils aient été envoyés en Amérique ou en Angleterre.

Art. 13.

S. M. Ferdinand VII s'engage à faire payer au roi Charles IV et à la Reine, son épouse, une somme annuelle de trente millions de réaux, qui sera acquittée régulièrement et par quart de trois mois en trois mois. A la mort du Roi deux millions de francs de revenu formeront le douaire de la Reine. Tous les Espagnols à leur service auront la liberté de résider hors du territoire espagnol par-tout où LL. MM. le jugeront convenable.

ART. 14.

Il sera conclu un traité de commerce entre les deux puissances, et jusqu'à la conclusion leurs relations commerciales seront sur le même pied qu'avant la guerre de 1792.

ART. 15.

Les ratifications du présent traité seront échangées à Paris dans le terme d'un mois, ou plutôt si faire se peut.

Fait et signé à Valençay le onze décembre mil huit cent treize.

Signé, le duc de SAN-CARLOS. $=$ Le comte de LA FOREST.

Pour copie conforme,

Signé, JOSEPH LUYANDO.

N° 4.

Déclaration des Plénipotentiaires de S. M. Don Ferdinand VII et de Napoléon Buona-parte.

Nous soussignés Plénipotentiaires nommés respectivement à l'effet de négocier et de signer un traité de paix entre l'Espagne et la France, avons dressé le présent protocole de notre dernière conférence au moment de la signature du traité, pour constater qu'il a été entendu de part et d'autre ; savoir :

1° Que le plein pouvoir donné au Plénipotentiaire espagnol en forme de lettre autographe, à défaut de chancellerie, a été présenté avec réserve d'y substituer, lors de l'échange des ratifications, s'il y avait lieu, d'autres pouvoirs revêtus des formes consacrées en Espagne.

2° Que si le terme de trente jours stipulé à l'article 15 du traité pour l'échange des ratifications, se trouvait excédé par l'effet de quelqu'empêchement réel et véritable, il est réservé de procéder à cet échange dans les quinze jours suivants, ou plutôt si faire se peut.

Fait et signé à Valençay le onze décembre mil huit cent treize.

Signé, Le duc de SAN-CARLOS. = Le comte de LA FOREST.

Pour copie conforme,
Signé, LUYANDO.

N° 5.

Lettre de Ferdinand VII à la Régence.

La divine Providence qui, par un de ses

desseins secrets, a permis que je fusse trans-
porté du palais de Madrid au château de Valençay, a daigné m'accorder la santé et les
forces dont j'avais besoin, et la consolation de
n'avoir pas été un seul moment séparé de mon
très-cher oncle, l'Infant Don Antonio, et de
mon bien aimé frère, l'Infant Don Carlos.

Nous avons trouvé une noble hospitalité
dans ce château; notre existence y a été jusqu'à
ce jour aussi agréable que pouvait le permettre
ma position; et, depuis mon arrivée, j'ai employé le temps de la manière la plus analogue
à mon nouvel état.

Les seules nouvelles que j'ai pu recevoir de
ma chère Espagne, me sont parvenues par le
canal des gazettes françaises. Elles m'ont donné
quelque connaissance de ses sacrifices pour moi,
de la généreuse et inaltérable constance de mes
fidèles sujets, de la persévérante assistance
de l'Angleterre, de l'admirable conduite du
général en chef Lord Wellington, et du nom
des généraux espagnols et des généraux alliés
qui se sont distingués.

Le ministère anglais, dans ses communica-
tions du 23 avril de l'année dernière, avait
déclaré authentiquement que l'Angleterre était
disposée à écouter des propositions de paix
dont les préliminaires seraient de me recon-

naître. Cependant les maux de mon royaume duraient encore.

L'Espagne était encore dans cet état d'observation passive mais vigilante, lorsque l'Empereur des Français, Roi d'Italie, par l'organe de son Ambassadeur, le comte de La Forest, me fit faire spontanément des propositions de paix, fondées sur mon rétablissement au trône, sur l'intégrité et l'indépendance de mes domaines, sans aucune clause qui ne fût pas conforme à l'honneur, à la gloire, et à l'intérêt de la nation espagnole.

Persuadé que l'Espagne ne pourrait, même après une longue suite de victoires, obtenir une paix plus avantageuse, j'autorisai le duc de San-Carlos à traiter en mon nom avec le comte de La Forest, Plénipotentiaire nommé à à cet effet par l'Empereur Napoléon. Après l'heureuse conclusion de ce traité, j'ai nommé le même Duc pour le porter à la Régence, afin que, en témoignage de la confiance que j'ai pour les membres qui la composent, elle en fasse les ratifications, suivant l'usage, et me renvoie ensuite, sans perdre de temps, le traité revêtu de cette formalité. Quelle satisfaction pour moi de faire enfin cesser l'effusion du sang, de voir le terme de tant de maux ! et combien je soupire après le moment heureux où je me verrai de retour au milieu d'une nation qui vient de donner à l'univers l'exemple de la plus pure loyauté, et du plus noble et du plus généreux caractère!

A Valençay, le 8 décembre 1813.

Signé, FERDINAND. = A la Régence d'Espagne.

Pour copie conforme,

Signé, JOSEPH LUYANDO.

N° 6.

Lettre de la Régence du royaume à Sa Majesté

Sire,

La Régence des Espagnes, nommée par les Cortès généraux et extraordinaires de la nation, a reçu avec le plus profond respect, la lettre que votre Majesté a daigné lui faire remettre par l'entremise du duc de San-Carlos, ainsi que le traité de paix et autres pièces qu'il était chargé de lui porter.

La Régence ne saurait exprimer dignement toute la consolation et la joie qu'elle a éprouvées en voyant la signature de Votre Majesté; en apprenant de sa part qu'elle jouit d'une bonne santé avec son bien aimé frère et son très-cher oncle, nos seigneurs les Infants Don Carlos et Don Antonio, et en lisant les nobles sentiments de Votre Majesté pour sa chère Espagne.

Il est plus difficile encore à la Régence de peindre les sentiments de cette nation loyale et magnanime qui a juré d'être fidèle à Votre Majesté; d'exprimer les sacrifices qu'elle a faits, qu'elle fait encore, et qu'elle ne cessera de faire jusqu'au moment où elle aura le bonheur de voir votre personne auguste replacée au trône d'amour et de justice qu'elle vous a préparé. Dans cette impuissance, la Régence se borne à dire à Votre Majesté qu'elle est le bien-aimé et le desiré de toute la nation.

La Régence qui gouverne l'Espagne au nom de Votre Majesté, croit de son devoir de mettre sous ses yeux le décret rendu par les Cortès généraux et extraordinaires le 1er janvier 1811, et dont copie est jointe à la présente.

En donnant à Votre Majesté connaissance de ce décret souverain, la Régence regarde comme inutile de faire la moindre observation sur le traité de paix ; mais elle peut assurer avec certitude à Votre Majesté qu'elle trouvera dans cet acte la preuve la plus authentique que la nation Espagnole n'a pas fait jusqu'ici des sacrifices infructueux pour recouvrer la personne royale de Votre Majesté, et la Régence se félicite avec elle de voir enfin approcher le jour où elle aura l'inexprimable bonheur de remettre entre les mains de Votre Majesté l'autorité royale qu'elle lui a conservée, comme un dépôt sacré, pendant la durée de sa captivité.

Que Dieu donne une longue vie à Votre Majesté pour le bien de la monarchie.

Madrid, 8 janvier 1814. A sa Majesté Ferdinand VII. = *Signé*, L. DE BOURBON, cardinal de Scala, archevêque de Tolède, Président. = JOSEPH LUYANDO.

Pour copie conforme,

Signé, JOSEPH LUYANDO.

N° 7.

Décret des Cortès généraux et extraordinaires, en date du 1ᵉʳ janvier 1811.

Don Ferdinand VII, par la grace de Dieu, roi d'Espagne et des Indes, et en son absence pendant sa captivité, le conseil de Régence provisoire, à tous ceux qui ces présentes verront ou entendront, faisons savoir que les Cortès généraux et extraordinaires assemblés dans l'île royale de Léon, ont arrêté et décrété ce qui suit :

Les Cortès généraux et extraordinaires , en
conformité de leur décret du 24 septembre dernier , par lequel ils ont déclaré nulles et de
nulle valeur les renonciations faites à Bayonne
par le légitime roi d'Espagne et des Indes Don
Ferdinand VII , non-seulement parce qu'elles
n'ont pas été faites librement, mais encore
parce qu'elles ne sont pas revêtues d'une formalité essentielle et indispensable qui est le
consentement de la nation , déclarent qu'ils ne
reconnaîtront aucun acte ou traité, aucune
convention ou transaction, de quelque espèce,
de quelle nature que ce soit, qui ont été ou
seraient à l'avenir consentis par le Roi , et
qu'ils regarderont en conséquence comme nuls
et de nul effet tous les actes quelconques qui
auraient pu ou pourraient être signés par
lui pendant le temps de l'oppression et de la
captivité où il se trouve , soit que son consentement se donne en pays ennemi , soit qu'il se
donne sur le territoire espagnol , si dans ce
dernier cas sa personne royale se trouve en-
tourée des armées ennemies ou sous l'influence
directe ou indirecte de l'usurpateur de sa couronne, attendu que la nation ne le considérera
jamais comme libre , et ne lui prêtera obéissance, jusqu'à ce qu'elle le voie siéger parmi
ses fidèles sujets au sein du Congrès national

actuellement existant, ou du Congrès successif, ou du gouvernement formé par les Cortès.

Les Cortès déclarent en même temps que toute contravention au présent décret sera regardée par la nation comme un acte d'hostilité contre la patrie, et le contrevenant aura encouru toute la rigueur des lois. Ils déclarent finalement que la nation généreuse qu'ils représentent, ne quittera pas un instant les armes, et n'écoutera aucune proposition d'accommodement ou d'arrangement, de quelle nature qu'elle soit, sans qu'au préalable l'Espagne et le Portugal ne soient entièrement évacués par les troupes qui y ont fait une aussi injuste invasion, attendu que les Cortès sont résolus avec la nation entière à ne cesser de combattre qu'après avoir assuré la religion sainte de leurs pères, la liberté de leur monarque bien-aimé, l'intégrité et l'indépendance absolue de la monarchie. Le conseil de Régence voudra bien se conformer au présent décret qu'il est chargé de faire imprimer et publier par tous les moyens ordinaires, pour qu'il soit connu et ponctuellement observé dans toute l'étendue du domaine espagnol.

== Alonso Cañedo, président. == Joseph Martinez, député, secrétaire. == Joseph Aznarez, député, secrétaire.

Donné dans l'île royale de Léon le 1er janvier 1811. = Adressé au conseil de Régence.

Et pour la due exécution et l'accomplissement du décret précédent, le conseil de Régence mande et ordonne à tous les tribunaux,
cours de justice, chefs, gouverneurs et autres
autorités tant civiles que militaires et ecclésiastiques, de quelque classe et de quelque
rang qu'elles soient, de le maintenir et le faire
maintenir, de l'accomplir et exécuter dans tout
son contenu.

Signé JOACHIM BLAKE, président. = PEDRO
AGAR. = GABRIEL CISCAR.

Donné dans l'île de Léon le 5 janvier 1811.
= Adressé à Don EUSÈBE BARDAXI Y AZARA.

N° 8.

*Instruction donnée par sa majesté le roi Fer-
dinand VII à Don Joseph Palafox y Melci.*

La copie ci-jointe de l'instruction donnée au
duc de San-Carlos, vous fera connaître claire-
ment l'objet de sa commission à l'heureuse
issue de laquelle vous devez contribuer, en
agissant de concert avec lui dans tout ce qui

nécessitera votre assistance, sans vous séparer en rien de son opinion, attendu qu'ainsi l'exige l'intérêt d'unité dans l'affaire en question, et parce que le duc de San-Carlos est revêtu de mes pouvoirs. Depuis son départ d'ici, il est survenu quelques incidents favorables dans les dispositions préparatoires de l'exécution du traité, et qui se trouvent sur la note suivante communiquée le 18 décembre par le Plénipotentiaire, comte de La Forest.

« Rappeler qu'immédiatement après la ratification, des ordres peuvent être donnés par la Régence pour une suspension générale des hostilités, et que MM. les maréchaux, commandant en chef les armées de l'Empereur, y accéderont de leur part. L'humanité veut qu'on s'épargne de part et d'autre toute effusion inutile de sang.

« Faire connaître que l'Empereur, voulant faciliter la prompte exécution du traité, a choisi M. le duc d'Albufera pour son commissaire aux termes de l'article 7. M. le maréchal a reçu les pleins pouvoirs de Sa Majesté, pour qu'aussitôt après la ratification de la Régence, une convention militaire relative à l'évacuation des places, telle qu'elle a été stipulée par le traité, soit conclue avec le commissaire qui pourrait lui être adressé de suite par le Gouvernement espagnol.

« Informer aussi que le renvoi des prisonniers n'éprouvera pas de lenteurs, et qu'il dépendra uniquement du Gouvernement espagnol de l'accélérer, attendu que M. le maréchal duc d'Albuféra est aussi chargé de stipuler dans la convention militaire, que les généraux et officiers pourront retourner en poste dans leur pays, et que les soldats seront remis sur la frontière vers Bayonne et Perpignan, à mesure qu'ils y arriveront. »

En conséquence de cette note, la Régence donnera ses ordres pour la suspension des hostilités, et nommera un commissaire digne de sa confiance pour exécuter de son côté les articles qui la concernent.

Valençay, le 23 décembre 1813. *Signé*=FER-DINAND. =Adressé à Don JOSEPH PALAFOX. =

Pour copie conforme,

Signé = JOSEPH LUYANDO.

N° 9.

Lettre de Sa Majesté à la Régence du royaume, remise par don Joseph Palafox y Melcy.

Dans la persuasion où je suis que la Régence

se sera pénétrée des motifs qui m'ont déterminé à envoyer le Duc de San-Carlos, et que
cet envoyé me rapportera, sans perdre de temps,
conformément à mes ardents desirs, la ratification du traité ; et, pour continuer de donner
au zèle et à l'amour de la Régence pour ma
personne royale des marques de ma confiance,
je lui adresse, par l'entremise de Don Joseph
Palafox y Melci, lieutenant général de mes armées royales, commandeur de Montanchuelos,
de l'ordre de Calatrava, de la fidélité et de la
prudence duquel je suis pleinement satisfait,
la note qui vient de m'être communiquée par
le comte de La Forest, relativement à l'exécution du traité. J'ai fait remettre en même temps
audit Don Joseph Palafox une copie littérale
du traité dont une expédition avait été confiée
au Duc de San-Carlos, afin que, dans le cas où
celui-ci, par quelque évènement imprévu,
n'aurait pu arriver à Madrid, ni informer la
Régence de l'objet de sa mission, il puisse rem-
placer le premier envoyé dans tout ce qui sera
nécessaire relativement audit traité, aux effets
et aux conséquences dudit traité, et également
afin que, si le Duc de San-Carlos, après avoir
rempli sa mission, était parti ou sur le point
de repartir, la Régence trouve dans la personne
dudit Palafox une voie sûre pour me don-

ner communication de tout ce qui intéresse le
service royal.

A Valençay, le 23 décembre 1813.

Signé, FERDINAND. = Adressé à la Régence
d'Espagne.   *Pour copie conforme,*
               Signé, JOSEPH LUYANDO.

N° 10.

*Réponse de la Régence du royaume à la lettre
de S. M., remise par Don Joseph Palafox.*

SIRE,

La lettre de Votre Majesté, datée de Valençay,
le 23 décembre dernier, et qui nous a été remise par le lieutenant général Don Joseph Palafox, a offert pour la seconde fois à la Régence
la douce consolation de recevoir des nouvelles
de la santé de Votre Majesté. Ce bienfait d'une
communication aussi interrompue que desirée,
est le présage le plus certain qu'enfin le moment est venu où Votre Majesté sera rendue à
la liberté, objet des vœux et des soupirs de la
nation, qui, mettant son espérance dans la Providence divine, a toujours regardé cet évènement fortuné comme un arrêt écrit dans les
décrets éternels. Dans les transports que lui

cause l'espérance prochaine d'un si grand bonheur, la Régence croit déja entendre les accents de Votre Majesté, elle la voit arriver; déja il lui semble qu'elle remet entre ses mains royales l'autorité dont elle n'était que dépositaire, et dont le fardeau est si lourd pour tout autre que le monarque même, qui, du milieu de ses fers, rétablissant les Cortès de la nation, a donné la liberté à un peuple asservi, et chassé du trône des Espagnes le monstre féroce du despotisme. Les plus grands éloges sont dus à Votre Majesté pour une action aussi noble, et l'univers entier lui en paie déja le juste tribut. La Régence ne peut que se rapporter à tout ce qu'elle a eu l'honneur d'écrire à Votre Majesté, dans la lettre respectueuse qu'elle lui a fait remettre par le Duc de San-Carlos; elle se borne à y ajouter, pour que Votre Majesté n'en ignore, qu'un ambassadeur extraordinaire, muni de pleins pouvoirs, est déja nommé en son nom, pour assister au Congrès dans lequel les puissances belligérantes et alliées de Votre Majesté vont donner la paix à l'Europe, et une paix solide qui ne puisse plus être troublée désormais. C'est dans ce Congrès que sera signé le traité de la paix générale, traité qui sera ratifié, non par la Régence, mais par Votre Majesté elle-même, dans son palais royal de Madrid, où elle aura été rétablie avec la liberté la plus absolue, pour occuper un trône resplendissant à-la-fois de l'héroïsme des Espagnols et des vertus sublimes de Votre Majesté. Que Dieu lui donne une longue vie pour le bonheur de la monarchie!

Madrid, 28 janvier 1814.

A Sa Majesté. = *Signé* Louis de Bourbon, cardinal de Scala, archevêque de Tolède, président. = Joseph Luyando.

Pour copie conforme,

Signé, Joseph Luyando.

N° 11.

Séance secrète des Cortès le 31 janvier 1814.

Après la lecture du procès-verbal de la dernière séance tenue le 29 du courant, on lit le rapport de la commission chargée d'examiner le projet de décret présenté aux Cortès au nom du Gouvernement par le ministre d'état, et relatif à la conduite à tenir dans le cas où le roi se présenterait sur les frontières du royaume. Après avoir examiné et pesé avec la plus scrupuleuse attention la gravité de la chose, et les différentes propositions faites à cet égard par quelques-uns de MM. les députés; considérant, avec la plus grande délicatesse, d'un côté l'honneur et le respect dus à la personne sacrée du roi, et de l'autre le haut degré d'héroïsme auquel nos sacrifices extraordinaires et continuels ont élevé cette magnanime nation, et sans s'écarter d'un seul point des bases établies dans la constitution de la monarchie et les décrets des Cortès, la commission soumet à la délibération du Congrès le projet de décret suivant, en douze articles, dans lequel, ayant eu égard à ces considérations puissantes, elle croit avoir répondu à la confiance des Cortès.

Suit la teneur du projet de décret :

1° Conformément à la teneur du décret rendu par les Cortès généraux et extraordinaires le 1er janvier 1811, lequel sera transmis de nouveau aux généraux et aux autorités que le Gouvernement jugera convenable, le roi ne sera regardé comme libre, et en conséquence il ne lui sera prêté obéissance, que lorsqu'il aura prêté, dans le sein du Congrès national, le serment prescrit par l'article 173 de la constitution.

2° Aussitôt que les généraux commandant les armées qui occupent les provinces frontières du royaume, auront quelque connaissance fondée de la prochaine arrivée du roi, ils dépêcheront un courier extraordinaire pour communiquer au gouvernement les renseignements qu'ils auront acquis sur l'arrivée du roi, la suite qui l'accompagne, les troupes étrangères ou nationales qui escortent Sa Majesté, et sur les autres circonstances à ce relatives dont ils auront pu se procurer la connaissance.

3° Il est défendu de laisser entrer des troupes avec le roi ; dans le cas où quelque force armée voudrait passer la frontière, elle sera repoussée conformément aux lois de la guerre.

4° Si la force armée qui accompagne le roi, est composée d'Espagnols, les généraux leur feront mettre bas les armes, et les traiteront et distribueront avec toutes les précautions que commanderont à-la-fois la prudence militaire, le nombre de ces troupes, et autres circonstances. Les généraux en chef délivreront des congés limités, et feront fournir les moyens accoutumés à tous les soldats espagnols venus avec le roi, et qui auraient été prisonniers de guerre en France, afin qu'ils rentrent dans leurs foyers ; tous les congés accordés devront faire exactement mention du nom de celui à qui il a été délivré, du lieu où il doit se rendre, et des autres formules qu'on jugera convenables.

5° Le général en chef de l'armée qui aura l'honneur de recevoir le roi, lui fournira une escorte convenable à la hauté dignité et aux honneurs dûs à sa personne royale.

6° On ne permettra à aucun étranger d'accompagner le roi, ni en qualité d'employé, ni comme domestique.

7° Aucun Espagnol, de ceux qui ont obtenu de Napoléon ou de son frère Joseph un emploi' une pension, ou une décoration quelconque, ne sera pas non plus admis à accompagner le roi, ni en qualité de serviteur, ni sous tout autre titre.

8° Le soin de signaler la route que suivra le Roi jusqu'à la capitale, est confié au zèle de la Régence, qui demeure également chargée de donner les ordres nécessaires pour que la pompe du cortège, les honneurs rendus au roi sur la route, et les autres préparatifs du cérémonial, expriment dignement le respect dû à la haute dignité du monarque, et l'amour dont la nation est pénétrée pour sa personne sacrée.

9° Le Président de la Régence est autorisé par le présent décret à aller, aussitôt qu'on aura la nouvelle de l'arrivée du Roi sur le territoire espagnol, à la rencontre de Sa Majesté, et à l'accompagner à son entrée dans la capitale avec le cortège convenable; il présentera au roi un exemplaire de la Constitution politique de la monarchie, afin que Sa Majesté, après en avoir pris communication, puisse, avec connaissance de cause et en toute liberté, prêter le serment prescrit par la constitution.

10° Le roi, à son arrivée dans la capitale, se rendra en droiture au sein des Cortès, pour y prêter son serment avec les cérémonies et les solennités indiquées dans le réglement d'administration intérieure des Cortès.

11° Aussitôt que le roi aura prêté le serment prescrit par la constitution, trente membres des Cortès, dont deux choisis parmi les secrétaires, accompagneront Sa Majesté dans son palais, où le conseil de Régence s'assemblera avec le cérémonial convenable, et remettra le gouvernement entre les mains de Sa Majesté, conformément à la constitution et à l'article 2 du décret du 4 septembre 1813. La députation reviendra rendre compte de l'exécution de cette formalité; et le procès-verbal en demeurera déposé dans les archives des Cortès.

12° Le même jour les Cortès rendront un décret avec la solennité convenable, afin de faire connaître à la nation entière l'acte solennel par lequel le Roi, en vertu de son serment, a été constitutionnellement placé sur le trône. Ce décret, après avoir été lu dans l'assemblée, sera transmis au roi par l'intermédiaire d'une députation égale à la précédente, pour qu'il soit publié avec les formalités accoutumées, conformément aux dispositions de l'art. 140 du réglement d'administration intérieure des Cortès.

Votre Majesté prendra à cet égard comme toujours les mesures les plus convenables.

Madrid, 31 janvier 1814.

(Suivent les signatures).

Après la lecture de ce rapport, et avant l'ouverture de la discussion, monsieur Oller a réclamé pour l'amendement qu'il avait proposé dans la séance secrette du 29 de ce mois, attendu que sa proposition avait été déclarée suffisamment débattue. Il la reproduit en ces termes : « Que la Régence prendra l'avis du « conseil d'état sur la proposition que le mi- « nistre a faite aux Cortès par son ordre, et « que le conseil d'état sera tenu de donner son « avis à cet égard dans le délai de vingt-quatre « heures ». Cet amendement mis aux voix par appel nominal, a été approuvé à la majorité de soixante-dix-neuf votes, contre soixante-quinze, comme il conste des deux listes suivantes ; et la séance a été levée.

Signé ANTOINE JOACHIM PEREZ, vice président. = PIERRE ALCANTARA D'ACOSTA , député, secré-taire. = ANTOINE DIAZ, député, secrétaire.

(43)

1°.

*Liste des membres qui approuvent l'amendement
de* M. Oller.

Fernandez de Castro.
Mollina.
Rosales.
L'évêq. de Salamanque.
Campomanes.
Marquez Carmona.
L'évêque d'Almeria.
Ceruelo.
L'évêque de Pamplona.
Zorrilla.
Martinez.
Lamiel.
Vidal.
Samartin.
Le Comte de Vigo
Arias de Prada.
Cotera.
Labandero.
Aldecoa.
Sanchez de la Torre.
Hernandez Gil.
Saenz.
Luxan.
La Rocha.
Rengifo.

Ocaña Crespo.
Rico.
Balmaseda.
Blanco.
Quadra.
Casaprin.
Izquierdo.
Tosantos.
Gil.
Albillos.
Mosquera.
Caraballo.
Gàrate.
Henares.
Calderon.
Blanes.
Frias.
Zallés.
Plandolit.
Oller.
Quiñones.
Garcia Gonzalez.
Reyna.
Montaos.
Roda.

Lorenzo.

Moyano.

Marés.

Dolarea.

Carasa.

Diez Garcia.

Arce.

Cerezo.

Càceres.

Adurriaga.

Larrumbide.

Llocér.

Marimon.

Cubells.

Rodiguez Olmedo.

Gomez.

Castillon.

Heredia.

Pujadas.

Ribote.

Màrquez de Palma.

Veràstegui.

Calvò.

Dominguez (*de Galicia.*)

Blanco Cerallas.

Ostolaza.

Mendiola.

Moliner.

Anglasell.

Total...... 79

2°.

Listes des membres qui rejettent l'amendement de M. Oller.

Acosta.

Diaz del Moral.

Teran.

Ramos Aparicio.

Robles.

Quixano.

Cepero.

Salazar.

Galvan.

Vàrgas.

Echeverrìa.

Capaz.

Rodriguez Ledesma.

Castanedo.

Palacios.

Istúriz.

Garcìa Zamora.

Olmedo.

Munilla.

Norzagaray.

Ximenez Perez.

Martinez de la Pedrera.

Dominguez.

Moreno.

Caro.

Tejada.

Vadillo.

Mintegui.

Perez Marcò.

L'évêque d'Urgel.

Ros.

Agullò.

Falcò.

Larrazabal.

Rodrigo.

Laynez.

Mesìa.

Maniau.

Savariego.

Inca.

Manrique.

Gonzalez Rodriguez.

Clemencin.

Garcìa Page.

Martinez de la Rosa.

Tacon.

Ramos Garcìa.

Quartero.

Canga.

Càrdenas.

Castillo.

Morejon.

Abargues.

Gordoa.

Feliu.

Ramos Arispe.

Perez Pastor.

Fluxà.

Leon.

Varona.

Puñonrostro.

Lasala.

Rey.

Montenuevo.

Perez (Vice - Président).

Total. , ... 65

N° 12.

Avis du Conseil d'État.

J'adresse ci-joint à Vos Excellences l'avis du conseil d'état, donné en conformité de l'ordre des Cortès, que Vos Excellences ont daigné me transmettre le 31 janvier dernier, à quatre heures et demie du soir.

Que Dieu donne à Vos Excellences une longue vie !

Madrid, le 2 février 1814.

Signé, JOSEPH LUYANDO. = A messieurs les députés secrétaires des Cortès.

Pour copie conforme,
Signé, LUYANDO.

Altesse Sérénissime,

Le Conseil d'Etat extraordinairement assemblé ce jourd'hui, a pris connaissance de l'ordre de Votre Altesse, en date d'hier au soir, ainsi que de l'ordre des Cortès qui y était inséré, et par lequel il est recommandé à Votre Altesse de prendre l'avis du conseil d'état sur la communication faite par le ministre provisoire dans la séance secrète du 29 du mois précédent, relativement à la conduite à tenir par Votre Altesse dans le cas où notre Roi Don Ferdinand VII se présenterait sur nos frontières, et d'exiger que cet avis lui soit communiqué dans le terme de vingt-quatre heures.

Le conseil n'ayant sous les yeux aucunes notices relatives aux motifs qui ont déterminé eette consultation, et considérant en même-temps qu'il s'agit d'une proposition faite aux Cortès en séance secrète par le ministre d'Etat, a délibéré, avant de passer outre, d'écrire officiellement audit ministre, pour qu'il veuille représenter à Votre Altesse que le conseil, pour ne pas compromettre son jugement dans une affaire aussi grave, avait besoin d'avoir au moins sous les yeux la proposition faite par ledit ministre aux Cortès, si elle a été faite par écrit, ou de l'entendre de la bouche même de ce fonctionnaire avec la permission de Votre Altesse, si elle a été faite verbalement. Le conseil informé par la réponse à sa dite lettre, que ladite proposition a été réduite aux termes mentionnés dans l'ordre des Cortès, et n'ayant par conséquent aucune autre pièce pour appuyer son jugement, a examiné l'affaire sous tous les points de vue que peut présenter la demande des Cortès, considérée dans sa généralité et abstractivement prise, pour le cas où le Roi se présenterait seul et libre de toute escorte et de toute influence de Buonaparte sur les frontières du royaume, et dans cette supposition le conseil distingue les mesures qui pourront être prises pour sa réception, en deux classes, savoir : celles qui concernent l'autorité royale, et l'époque à laquelle elle devra commencer ; et celles qui sont relatives aux honneurs, à la pompe et à la solennité qui devront signaler cet évènement.

Quant à l'exercice de l'autorité royale, il ne peut être mis en doute que le roi n'en pourra exercer aucune avant d'avoir prêté le serment exigé par la constitution. La perfidie de Buonaparte avait par la violence enlevé ce prince du sein de la Nation, au moment même où, transportée d'alégresse, en le voyant monter sur le trône, elle le regardait comme le restaurateur de tous les biens dont l'avaient privée le despotisme et l'arbitraire. Cette nation, aussi héroïque qu'infortunée, privée de cette flatteuse espérance au moment où elle commençait à peine de lui sourire, se trouva abandonnée à elle-même, et avec les ennemis dans son sein. Personne n'ignore, personne n'a connu sans pleurer les désastres et les maux de tous genres qu'elle a soufferts et qu'elle a tous supportés avec la plus paisible et la plus inaltérable constance, plutôt que de se voir la conquête et l'esclave d'un tyran. Les circonstances, ou pour mieux dire, ces désastres eux-mêmes ont fait réunir les Cortès généraux et extraordinaires qui ont sanctionné la constitution dans laquelle la Nation a de nouveau reconnu Ferdinand. *Le Roi des Espagnes est Don Ferdinand VII, actuellement régnant*, porte l'article 179 de la constitution : monument de la loyauté, du caractère et de la rare sagesse de la nation espagnole et de ses Cortès, qualités qui n'ont pas moins contribué que les autres vertus nationales, à nous mériter l'admiration de tous les autres peuples.

Mais si l'Espagne a conservé et conserve encore cette fidélité à Ferdinand, il n'en est pas moins vrai qu'elle s'est donnée une constitution qui remet en vigueur ses lois et ses privilèges antiques dont le mépris et l'oubli avaient accumulé tant de maux sur elle ; il n'en est pas moins vrai qu'elle a fixé les règles d'après lesquelles ses rois doivent exercer par la suite l'autorité royale, et dont l'accomplissement doit assurer la gloire, l'amour et le bonheur des peuples, et la félicité des rois qui en est la suite ; qu'elle a notamment décidé que le Roi à son avénement au trône, avant de prendre les rênes du gouvernement, doit prêter, en présence des Cortès, le serment d'observer et de faire observer la Constitution politique et les lois de la Monarchie espagnole; et qu'enfin elle a toujours espéré que Ferdinand VII, son Roi tant desiré, jurera avec la plus grande alégresse de maintenir cette constitution présentée par une nation fidèle et généreuse qui a fait tous les sacrifices possibles pour lui conserver la couronne.

En conséquence, le Conseil est d'avis que le Roi ne doit exercer aucune autorité avant d'avoir prêté son serment. Il est aussi d'avis que ce serment doit être prêté en présence des Cortès, tant parce que la constitution l'exige expressément, que parce que la nomination d'une commission chargée d'aller le recevoir à la frontière, ne présente pas un appareil assez digne d'un acte aussi solennel et aussi important; d'autant plus que ne devant pas s'écouler un grand nombre de jours entre l'arrivée de Sa Majesté sur la frontière et son entrée dans la Capitale, et la Régence continuant jusques-là d'exercer le pouvoir exécutif, il paraît que cette mesure satisfait à tous les motifs allégués pour faire prêter ce serment sur la frontière, et pour le faire prêter une seconde fois, si le premier prêté par le Roi entre les mains d'une commission, devait ensuite être renouvelé en présence des Cortès.

Quant aux honneurs à rendre au Roi à sa

réception, le Conseil estime que rien ne doit
être oublié, qu'il faut au contraire manifester
l'alégresse et le respect que mérite le Roi bien-
aimé des Espagnes, avec tout l'appareil convenable à sa dignité, et digne d'une nation
aussi magnanime que loyale. Mais le Conseil
ne sait pas s'il convient d'expédier de suite les
ordres relatifs à cette réception, parce qu'il n'a
aucune connaissance des motifs qui ont déterminé Votre Altesse à faire agiter la question
dont il s'agit, et qu'il pense qu'ils ne doivent
être donnés que lorsqu'on sera bien assuré de
la venue du Roi, afin de ne pas exposer le
Gouvernement à être taxé de légéreté par les
autres nations. A l'époque de l'arrivée du Roi,
le Conseil est encore d'avis qu'il doit être com-
plimenté à la frontière par une députation dont
le nombre et les membres seront agréés par les
Cortès ; que cette députation doit en même-
temps être chargée d'instruire Sa Majesté de
l'état des affaires et de l'opinion publique, de
lui présenter la Constitution de la Monarchie,
et un mémoire historique de tous les événements arrivés en Espagne depuis son départ de
Madrid, dans lequel il sera fait mention de tous
les maux, de tous les incendies, de tous les
ravages, et de toutes les dévastations que la
nation a soufferts avec la plus héroïque cons-

tance ; au prix de tant de sang répandu, non
seulement par les armées ennemies, mais encore volontairement dans la journée horrible
mais glorieuse du 2 mai, et postérieurement
par les ordres de féroces maréchaux et des
Espagnols pervers qui ont servi plus intime-
ment le roi intrus ; que la même députation
doit mettre aussi sous les yeux du Roi l'état de
l'esprit public de la nation, tant quant à la
haine jurée à Napoléon, que par rapport au
maintien de la constitution ; les alliances contractées avec l'Angleterre, la Russie, la Prusse,
et la Suède ; les avantages qui en ont résulté
pour l'Espagne, et la fidélité avec laquelle nous
desirons en observer les traités ; finalement
l'état d'abattement où se trouvent aujourd'hui
les forces et l'orgueil du tyran de l'Europe.

Comme nous devons croire que, si Napoléon
envoie Ferdinand en Espagne, c'est pour nous
tendre un nouveau piège et faire de notre Roi
l'instrument de ses perfides manœuvres, peut-
être même pour nous rendre odieux ce Prince,
objet des vœux de la nation, dans le dessein de
fomenter une guerre civile à laquellle il lui
ferait prendre part, soit par force, soit par
ruse, soit par séduction, afin de rompre les
mesures des alliés, et d'arrêter le cours de leurs
opérations, c'est donc dans cette circonstance

que l'Espagne a besoin plus que jamais de cette énergie qu'elle a déployée contre l'ennemi commun ; c'est aujourd'hui qu'elle doit faire connaître à son Prince tout ce qu'elle a fait pour lui, et combien il est aimé de la nation, et en même temps combien elle est attachée à sa constitution, et combien elle abhorre le tyran, perturbateur de l'univers. C'est pourquoi il importe aujourd'hui plus que jamais de redoubler d'efforts pour maintenir nos armées sur un pied respectable, et coopérer plus efficacement à la destruction de ce monstre.

Le Conseil croit que les Cortès actuels, suivant la trace de leurs prédécesseurs, qui dans une occasion semblable rendirent le décret du 1er janvier 1811, doivent en rendre un autre aujourd'hui pour déterminer les mesures à suivre dans le cas où Ferdinand se présenterait à la frontière, et adresser un exemplaire de ce décret à tous les généraux en chef des armées, à toutes les autorités civiles, politiques et militaires, aux cours étrangères, afin de préparer l'opinion et faire connaître à l'univers entier que si la nation conserve toujours les mêmes sentiments envers Ferdinand VII, elle n'oublie pas ce qu'elle se doit à elle-même, les sacrifices qu'elle a faits pour sa liberté et son indépendance, et les obligations qu'elle a contractées avec ses alliés.

Enfin le Conseil estime convenable qu'il soit adressé séparément des ordres aux autorités des places frontières, pour qu'elles ne laissent entrer dans le royaume aucun des employés qui ont servi et suivi Joseph, parce que, outre qu'ils sont coupables du crime de la plus haute trahison envers la Nation et le Roi Ferdinand, leur présence serait un spectacle odieux à toute l'Espagne, et qu'ils pourraient devenir les instruments dont le tyran chercherait à se servir pour préparer et assurer, au sein même de la cour, l'esclavage du Roi et la servitude de la Nation.

Le marquis de Piedrablanca est d'avis que la députation dont il s'agit, doit être prise dans le sein des Cortès, et que, s'il est possible, deux des membres accompagnent alternativement le Roi dans sa voiture jusqu'à son arrivée au palais. Il pense aussi que la mesure énoncée dans la présente consultation relativement aux ordres à donner pour fermer l'entrée du royaume à ceux qui ont servi le roi intrus, doit être étendue à tous les étrangers qui accompagneront le Roi Ferdinand VII, et qu'on doit retenir sur la frontière tous les militaires prisonniers en France, et les personnes attachées au service du Roi lui-même, jusqu'à ce que les uns et les autres aient prêté le serment dû à la

constitution, dans la première ville du territoire espagnol.

Tel est l'avis du Conseil qui n'a pu, vû
le peu de temps qui lui a été laissé, donner
à cet acte toute l'extension et toute la préci-
sion qu'il aurait desiré.

Au palais, le 1er février 1814. Suivent huit
paraphes.

N° 13.

Décret des Cortès, rendu le 2 février 1814.

Don Ferdinand VII, par la grace de Dieu
et la Constitution de la Monarchie espagnole,
Roi des Espagnes, et, en son absence pendant
sa captivité, la Régence du royaume nommée
par les Cortès généraux et extraordinaires, à
tous ceux qui ces présentes verront et entendront, savoir faisons que les Cortès ont décrété ce qui suit :

Les Cortès desirant, dans la crise actuelle de
l'Europe, donner un témoignage public et solennel d'une persévérance inaltérable contre
ses ennemis, de franchise et de bonne foi envers les alliés, et d'amour et de confiance à la
Nation héroïque qu'ils représentent ; desirant
également déjouer par un seul acte toutes les
ruses et tous les stratagêmes que Napoléon pourrait mettre en usage dans la situation critique

où il se trouve pour remettre l'Espagne sous sa pernicieuse influence, compromettre notre indépendance, altérer nos relations avec les puissances amies, ou semer la discorde dans le sein de notre Nation magnanime unie pour la défense de ses droits et de son Roi légitime, Ferdinand VII, ont décrété et décrètent :

1º Conformément à la teneur du décret rendu par les Cortès généraux et extraordinaires le 1er janvier 1811, lequel sera transmis de nouveau aux généraux et aux autorités que le gouvernement jugera convenable, le Roi ne sera regardé comme libre, et conséquemment il ne lui sera prêté obéissance, que lorsqu'il aura prêté, dans le sein du Congrès national le serment prescrit par l'article 173 de la constitution.

2° Aussitôt que les généraux commandant les armées qui occupent les provinces frontières du royaume, auront quelque connaissance fondée de la prochaine arrivée du Roi, ils dépêcheront un courrier extraordinaire pour communiquer au gouvernement les renseignements qu'ils auront acquis sur son arrivée, la suite qui l'accompagne, les troupes étrangères ou nationales qui escortent Sa Majesté, et sur ses autres circonstances à ce relatives dont il auront pu se procurer la connaissance. Le gouvernement devra faire passer sans délai ces nouvelles à la connaissance des Cortès.

3° La Régence prendra les mesures convenables, et donnera aux généraux les instructions et les ordres nécessaires, afin qu'à l'arrivée du Roi sur la frontière, il soit remis à Sa Majesté, avec la solennité due à son rang, une copie du présent décret avec une lettre de la Régence, par laquelle il lui sera donné connaissance de l'état de la nation, de ses sacrifices héroïques, et des mesures prises par les Cortès pour assurer l'indépendance nationale et la liberté du Monarque.

4° On ne laissera entrer avec le Roi aucune force armée ; et dans le cas où quelques troupes voudraient tenter de passer les frontières ou les lignes de nos armées, elles seront repoussées conformément aux lois de la guerre.

5° Si la force armée qui accompagne le Roi est composée d'Espagnols, les généraux en chef se conformeront aux instructions qu'ils auront reçues du gouvernement, et dont le but sera de concilier les égards dus à ceux qui ont eu le malheur d'être prisonniers, avec le bon ordre et la sûreté de l'État.

6° Le général en chef de l'armée qui aura l'honneur de recevoir le Roi, lui fournira une escorte convenable à sa haute dignité et aux honneurs dus à sa Personne royale.

7° On ne permettra à aucun étranger d'accompagner le Roi, ni en qualité d'employé, ni comme domestique.

8° Aucun Espagnol de ceux qui ont obtenu de Napoléon ou de son frère Joseph un emploi, une pension ou une décoration quelconque, ne seront pas non plus admis à accompagner le Roi, ni en qualité de serviteur, ni sous tout autre titre. Cette disposition est applicable à ceux qui ont suivi les Français dans leur retraite.

9° Le soin de signaler la route que suivra le Roi jusqu'à la capitale, est confié au zele de la Régence qui demeure également chargée de donner les ordres nécessaires pour que la pompe du cortége, le service auprès de Sa Majesté, les honneurs rendus au Roi pendant sa route et à son entrée dans la capitale, et les autres points relatifs au cérémonial, expriment dignement le respect dû à la haute dignité du Monarque, et l'amour dont la nation est pénétrée pour sa Personne sacrée.

10° Le Président de la Régence est autorisé par le présent décret à aller, aussitôt qu'on aura la nouvelle de l'arrivée du Roi sur le territoire espagnol, à la rencontre de sa Majesté, et à l'accompagner à son entrée dans la capitale avec le cortége convenable.

11° Le Président de la Régence présentera au Roi un exemplaire de la Constitution poli-

tique de la monarchie, afin que Sa Majesté,
après en avoir pris communication, puisse,
avec connaissance de cause et en toute liberté,
prêter le serment prescrit par la constitution.

12° Le Roi, à son arrivée dans la capitale,
se rendra en droiture au sein des Cortès, pour
y prêter son serment avec les cérémonies et
les solennités indiquées dans le réglement d'administration intérieure des Cortès.

13° Aussitôt que le Roi aura prêté le serment
prescrit par la constitution, trente membres
des Cortès, dont deux choisis parmi les secrétaires, accompagneront Sa Majesté dans son
palais, où le Conseil de régence s'assemblera
avec le cérémonial convenable, et remettra
le gouvernement entre les mains du Roi,
conformément à la constitution et à l'article 2
du décret du 4 septembre 1813. La députation
reviendra rendre compte de l'exécution de cette
formalité, et le procès-verbal en demeurera
déposé dans les archives des Cortès.

14° Le même jour, les Cortès rendront un
décret avec la solennité convenable, afin de
faire connaître à la Nation entière l'acte solennel par lequel le Roi, en vertu de son serment, a été constitutionnellement placé sur le
trône. Ce décret, après avoir été lu dans l'assemblée, sera transmis au Roi par l'intermé-

diaire d'une députation égale à la précédente,
pour qu'il soit publié avec les formalités accoutumées, conformément aux dispositions de
l'article 140 du réglement d'administration intérieure des Cortès.

Le Conseil de régence voudra bien se conformer au présent décret et tenir la main à
son exécution, en le faisant imprimer, publier
et communiquer.

Donné à Madrid le 2 février 1814. *Signé* An-
toine-Joachim Perez, vice-président. = Pierre
Alcantara de Acosta, député, secrétaire. =
Antoine Diaz, député, secrétaire = A la Régence du Royaume.

En conséquence mandons et ordonnons à
tous les tribunaux, cours de justice, chefs, gouverneurs et autorités quelconques, tant civiles
que militaires et ecclésiastiques, de quelque
classe et de quelque rang qu'elles soient, d'observer et de faire observer, d'accomplir et exécuter le présent décret dans tout son contenu,
de le faire imprimer, publier et communiquer,
pour sa parfaite exécution.

Signé L. de Bourbon, cardinal de Scala,
archevêque de Tolède, président. = Pierre
de Agon. = Gabriel Ciscar. = Au palais,
le 3 février 1814. = A don Joseph Luyando.

N° 14.

Séance des Cortès du 2 février 1814, publiée par ordre des Cortès.

Lecture faite du procès-verbal de la dernière séance tenue le 31 du mois dernier, il a été rendu compte de l'avis du conseil d'état, que la Régence avait été chargée, par délibération du 29 du même mois, de lui demander ensuite de la communication faite par le chargé provisoirement du ministère d'état, relativement à la conduite à tenir par le gouvernement dans le cas où le Roi se présenterait sur les frontières. Il a été fait lecture ensuite d'un office du même ministre, en date de ce jour, dans lequel il s'excuse de ne pouvoir assister à cette séance pour raison de santé, et ajoute que le projet de décret proposé par la commission remplit, selon son avis, tous les grands objets qu'on avait en vue, tant par rapport à la Nation, que relativement à la confiance que nous devons aujourd'hui plus que jamais inspirer à nos alliés. Les Cortès passent ensuite à la discussion dudit projet de décret, inséré dans le procès-verbal de la séance du 31 janvier; et après avoir discuté chaque article séparément, il a été approuvé sauf quelques additions, alté-

rations, modifications, et suppressions propo-
sées par plusieurs membres et approuvées par
la commission, telles que l'addition proposée
par M. Gomez, de cette clause à l'article 2 :
*Le gouvernement devra faire passer sans délai
ces nouvelles à la connaissance des Cortès.* La
proposition faite par le même député, pour
ajouter à l'article 3 ces mots : *Que l'entrée du
royaume ne serait accordée au roi que par la
frontière sur laquelle nous aurions le plus de
force armée pour resister à une invasion,* n'a
pas été admise à discussion, ni celle du député
Reyna, tendant à faire ajouter à l'article 8,
*que ce sera le Roi, et non la Régence, qui signa-
lera la route de sa Majesté à son retour dans
sa capitale.*

Suit la teneur du décret approuvé par les
Cortès, avec les additions susmentionnées et
la subdivision de quelques articles :

DÉCRET.

Les Cortès desirant, dans la crise actuelle
de l'Europe, donner un témoignage public et
solemnel d'une persévérance inaltérable contre
ses ennemis, de franchise et de bonne foi envers les alliés, et d'amour et de confiance à la
Nation héroïque qu'ils représentent ; desirant
également déjouer par un seul acte toutes les

ruses et tous les stratagèmes que Napoléon pourrait mettre en usage dans la situation critique où il se trouve, pour remettre l'Espagne sous sa pernicieuse influence, compromettre notre indépendance, altérer nos relations avec les puissances amies, ou semer la discorde dans le sein de notre nation magnanime, unie pour la défense de ses droits et de son Roi légitime, Ferdinand VII, ont décrété et décrètent :

1º Conformément à la teneur du décret rendu par les Cortès généraux et extraordinaires, le 1er janvier 1811, lequel sera transmis de nouveau aux généraux et aux autorités que le gouvernement jugera convenable, le Roi ne sera regardé comme libre, et en conséquence il ne lui sera prêté obéissance, que lorsqu'il aura prêté, dans le sein du Congrès national, le serment prescrit par l'article 173 de la constitution.

2º Aussitôt que les généraux commandant les armées qui occupent les provinces frontières du royaume, auront quelque connaissance fondée de la prochaine arrivée du Roi, ils dépêcheront un courrier extraordinaire, pour communiquer au gouvernement les renseignements qu'ils auront acquis sur son arrivée la suite qui l'accompagne, les troupes étrangères ou nationales qui escortent Sa Majesté, et sur les autres circonstances à ce relatives,

dont ils auront pu se procurer la connaissance. Le Gouvernement devra faire passer
sans delai ces nouvelles à la connaissance des
Cortès.

3º La Régence prendra les mesures convenables, et donnera aux généraux les instructions
et les ordres nécessaires, afin qu'à l'arrivée du
Roi sur la frontière, il soit remis à Sa Majesté,
avec la solennité due à son rang, une copie
du présent décret, avec une lettre de la Régence,
par laquelle il lui sera donné connaissance de
l'état de la nation, de ses sacrifices héroïques,
et des mesures prises par les Cortès pour assurer
l'indépendance nationale et la liberté du Monarque.

4° On ne laissera entrer avec le Roi aucune
force armée, et, dans le cas où quelques
troupes voudraient tenter de passer les frontières, ou les lignes de nos armées, elles seront
repoussées conformément aux lois de la guerre.

5º Si la force armée qui accompagne le Roi,
est composée d'Espagnols, les généraux en chef
se conformeront aux instructions qu'ils auront
reçues du gouvernement, et dont le but sera
de concilier les égards dus à ceux qui ont eu le
malheur d'être prisonniers, avec le bon ordre
et la sûreté de l'état.

6º Le général en chef de l'armée qui aura le
bonheur de recevoir le Roi, lui fournira une

escorte convenable à la haute dignité et aux honneurs dus à sa personne royale.

7° On ne permettra à aucun étranger d'accompagner le Roi, ni en qualité d'employé, ni comme domestique.

8° Aucun Espagnol de ceux qui ont obtenu de Napoléon ou de son frère Joseph un emploi, une pension, ou une décoration quelconque, ne seront pas non plus admis à accompagner le Roi, ni en qualité de serviteur, ni sous tout autre titre. Cette disposition est applicable à ceux qui ont suivi les Français dans leur retraite.

9° Le soin de signaler la route que suivra le Roi jusqu'à la capitale, est confié au zèle de la Régence, qui demeure également chargée de donner les ordres nécessaires pour que la pompe du cortège, le service auprès de Sa Majesté, les honneurs rendus au Roi pendant sa route et à son entrée dans la capitale, et les autres points relatifs au cérémonial, expriment dignement le respect dû à la haute dignité du monarque, et l'amour dont la nation est pénétrée pour sa personne sacrée.

10° Le Président de la Régence est autorisé par le présent décret à aller, aussitôt qu'on aura la nouvelle de l'arrivée du Roi sur le territoire espagnol, à la rencontre de Sa Majesté, et à l'accompagner à son entrée dans la capitale avec le cortège convenable.

11° Le Président de la Régence présentera au Roi un exemplaire de la constitution politique de la monarchie, afin que Sa Majesté, après en avoir pris lecture, puisse , avec connaissance de cause et en toute liberté, prêter le serment prescrit par la constitution.

12° Le Roi, à son arrivée dans la capitale, se rendra en droiture au sein des Cortès, pour y prêter son serment avec les cérémonies et les solennités indiquées dans le réglement d'administration intérieure des Cortès.

13° Aussitôt que le Roi aura prêté le serment prescrit par la constitution , trente membres des Cortès, dont deux choisis parmi les secrétaires, accompagneront Sa Majesté dans son palais , où le conseil de Régence s'assemblera avec le cérémonial convenable, et remettra le gouvernement entre les mains de Sa Majesté, conformément à la constitution et à l'article 2 du décret du 4 septembre 1813. La députation reviendra rendre compte de l'exécution de cette formalité, et le procès-verbal en demeurera déposé dans les archives des Cortès.

14° Le même jour les Cortès rendront un décret avec la solennité convenable, afin de faire connaître à la nation entière l'acte solennel par lequel le Roi, en vertu de son serment,

a été constitutionnellement placé sur le trône.
Ce décret, après avoir été lu dans l'assemblée,
sera transmis au roi par l'intermédiaire d'une
députation égale à la précédente, pour qu'il
soit publié avec les formalités accoutumées,
conformément aux dispositions de l'article 140
du réglement d'administration intérieure des
Cortès.

Le conseil de Régence voudra bien se conformer au présent décret et tenir la main à son
exécution, en le faisant imprimer, publier et
communiquer.

Donné à Madrid le 2 février 1814. = *Signé* AN-
TOINE - JOACHIM PEREZ, vice - président. = PIERRE
ALCANTARA DE ACOSTA, député, sécrétaire. =
ANTOINE DIAZ, député, secrétaire. = A la Ré-
gence du royaume.

Le député Puñonrostro a présenté ensuite
l'idée suivante : *Que le procès-verbal dans lequel il est fait mention du décret, soit signé
par tous les députés, ainsi qu'il a été pratiqué
en pareil cas par les Cortès extraordinaires.*
Cette idée, considérée comme une proposition,
a obtenu l'approbation des Cortès.

Le député Cepero a fait une autre proposition tendant à ce que les exemplaires impri-
més qui seront mis en circulation portent les

signatures des députés qui auront signé à l'original; mais il a observé ensuite que cette proposition était inutile, attendu que les Cortès avaient déjà délibéré simplement que le procès-verbal serait signé par tous les membres.

Le député Gonzalez Rodriguez a proposé de son côté que *le décret qui vient d'être approuvé à l'unanimité, soit signé par tous les membres comme un décret extraordinaire, et qu'à cette fin tous les députés soient prévenus de ne point manquer à la séance de demain;* mais cette proposition a été rejetée après lecture.

Le député Ramos Garcia a fait aussi les propositions suivantes, qui, après avoir été considérées comme telles, ont été lues pour la première fois.

Première proposition. Le conseil de Régence sera invité à transmettre sans délai aux Cortès une copie authentique du traité de paix passé entre Sa Majesté Catholique le Roi Don Ferdinand VII et l'Empereur des Français, ainsi que des lettres adressées par ledit roi Ferdinand à la Régence, et des réponses à lui transmises par la Régence.

Seconde proposition. Pour rectifier l'opinion publique et prévenir les convulsions politiques qui pourraient avoir lieu parmi la nation à l'occasion de ce traité et de la prochaine arrivée de Ferdinand VII, toutes les pièces susdites seront imprimées et communiquées à toutes les autorités politiques, civiles, ecclésiastiques et militaires du royaume, avec le décret que les Cortès viennent d'approuver.

Troisième proposition. Cette communication sera accompagnée d'une proclamation des Cortès, signée par tous les membres, et dans laquelle on mettra au grand jour les ruses et les perfidies du tyran de l'Europe pour introduire l'anarchie parmi la nation, la diviser et la séparer de l'heureuse alliance qui l'unit aux autres puissances belligérantes, et avilir notre monarque infortuné et captif aux yeux de son peuple et de l'Europe entière.

Quatrième proposition. En attendant que les dispositions énoncées sur les deux précédentes propositions soient exécutées, il sera fait lecture en séance publique de toutes les pièces énoncées ci-dessus, et des mesures prises en conséquence par les Cortès pour le bien et le bonheur de la nation.

Sur la proposition de plusieurs membres, les Cortès arrêtent qu'il sera fait lecture dans la séance publique de demain du décret rendu aujourd'hui, et dont la teneur précède.

La séance est levée.

Signé Geronimo Antonio Diez, député de Salamana, président. = Antonio Joaquin Perez, député de la Puebla de los Angelés, vice-pré-

sident. = Manuel Abella, député d'Aragon. =
Vicente de Heredia, député d'Aragon.=Tadeo
Segundo Gomez, député d'Aragon. = Juan Ca-
pistrano Pujadas, député d'Aragon. = Vicente
Pascual, député d'Aragon. = Joaquin Palacin,
député d'Aragon. = Juan Francisco Martinez,
député d'Aragon. = Geronimo Castillon, député d'Aragon. = Nicolas Lamiel, député d'Aragon. = Prudencia Maria de Verastegni, député
d'Alava. = Domingo Fernandez Campomanes,
député des Asturies. = Josef Canga Argüelles,
député des Asturies. = Carlos Martinez Casaprin, député des Asturies. = Ramon de la Quadra, député des Asturies. = Juan Manuel Rengifo, député d'Avila. = Eusebio Sanchez Ocafia
y Crespo, député d'Avila. = Francisco Lopez
Lisperguer, député de Buenos-Ayres.=Manuel
Rodrigo, député de Buenos-Ayres. = Juan Josef
Sanchez, de la Torre, député de Burgos. = Ra-
mond Maria de Adurriaga, député de Burgos.
= Andres Mariano de Cerezo, député de Burgos. = Bonifacio de Todos santos, député de
Burgos. = Valentin Zorrilla de Velasco, député
de Burgos. = Manuel Ribote, député de Burgos. = Dinosio Capaz, député de Cadix. = Josef
Manuel de Vadillo, député de Cadix. = Manuel
Lopez Cepero, député de Cadix. = Thomas
de Isturiz, député de Cadix. = Manuel de Eche-
verria, député des Canaries. = Andres Oller,

député de Cataluxia. = Cayerano de Marimon, député de Catalunna. = Manuel Lasala, député de Catalunna. = Benito Plandolit, député de Catalunna.=Jayme Calvo, député de Catalunna. = Josef Aglasell, député de Catalunna. = Mariano Ros, député de Catalunna.=Josef Lliocer, député de Catalunna. = Joaquin Rey, député de Catalunna. = Ignacio de Salles, député de de Catalunna. = Ventura Marès, député de Catalunna. = Josef Antonio Navas, député de Catalunna. = Mariano Rodriguez de Olmedo, député de Charcas. =Mariano Robles, député de Chiapa. = Miguel Riesco y Puente, député de Chila.=Manuel Marquez Carmona, député de Cordoba. = Antonio Gomez Calderon, député de Cordoba. = Diego Henares Tienda, député de Cordoba.=Gabriel Carrillo, député de Cordoba. = Gonzalo de Herrera, député de Cuba.= Josef de Varona, député de Cuba.= Juan Antonio Dominguez, député de Cuença. = Antonio Quartero, député de Cuença. = Nicolas Garcia Page, député de Cuença. = Andres Navarro, député de Cuença. = Francisco Rodriguez de Ledesma, député de l'Es-tramadure. = Modesto Galvan de Escudero, député de l'Estramadure. = Antonio de Arce, député de l'Estramadure.=Pedro Diez Garcia, député de l'Estramadure. = Pablo Fernandez, député de la Galice. = Buenaventura Dominguez, député de la Galice. == D. Joaquin Tenreyro Montenegro, Condé de Vigo, député de la Galice. == Fermin Martin Blanco, député de la Galice. == Benite Arias de Prada, député de la Galice. == Ignace Ramon de Roda, député de la Galice. == Roque Maria Mosquera, député de la Galice. == El Obispo de Salamanca, député de la Galice. == Manuel Gonzalès Montaos, député de la Galice. == Josef de Huerta, député de la Grenade. == Bartolomé Romero y Montero, député de la Grenade. == Pedro Laynez y Laynez, député de la Grenade. == Francisco Xavier, Obispo de Almeria, député de la Grenade. == Juan Antonio Ximenez Perez, député de la Grenade. == Francisco Martinez de la Rosa, député de la Grenade. == Vicente Ramos Garcia, député de la Grenade. == El Condé de Molina, député de la Grenade. == Ramon Lopez Pelegrin, député de la Guadalaxara. == Manuel Fernandez Manrique, député de Guadalaxara. == Antonio Larrazabal, député de Guatimala. == Florencio Castille, député de Guatimala. == Josef Francisco Moréjon, député de Guatimala. == Josef Antonio de Larrumbide, député de Guipuscoa. == Francisco Castanedo, député de Jaen. == Francisco Moreno y Martinez, député de Jaen. == Pedro Mesia, député de Jaen. == Vicente Hernandez Gil, député de Léon. == Pedro Vidal, député de Léon. == Mateo de Norzagaray, député de Madrid. == Pedro Gonzalez de Tejada, député de Madrid.==Josef de Vargas y Ponce, député de Madrid. == Miguel Fluxa, député de Mallorca, etc. etc. etc.

Liste des députés qui n'ont pas signé le procès-verbal du 2 février 1814, pour cause d'absence.

Don Octaviano Obregon, député de la Nouvelle-Espagne. == Don Josef Bermudez, député, etc etc. etc.

N° 15.

Rapport de la Commission.

Chargée de présenter son avis sur la proposition de M. Sanchez, tendant à rendre publiques les pièces qui ont précédé et provoqué le mémorable décret du 2 courant, et à publier en même temps un manifeste énergique, qui instruise la nation de la violence exercée sur la personne de notre monarque captif, de l'astucieuse et cruelle politique de Buonaparte, ainsi que du zèle et de l'empressement avec lequel les Cortès ont pourvu par ce décret juste et nécessaire à la concorde et à la juste indépendance du peuple espagnol, la commission n'a pu qu'applaudir à l'utilité et à l'opportunité de la mesure proposée par M. le député Sanchez, et dans la persuasion où elle est de la nécessité de cette publication, elle s'empresse d'appuyer la proposition dans tout son contenu.

Depuis le premier jour de la réunion des Cortès dans cette capitale, le gouvernement leur a donné communication des pièces et documents qui sont l'objet de la mesure proposée; mais les Cortès ont donné, dans cette occasion, un grand exemple de prudence et de circonspection, en voulant que cette communication fût secrète, et en s'imposant expressément à eux-mêmes la loi du silence. Buonaparte ne tarda pas à renouveler ses intrigues, et d'une manière qui ne laissait aucun doute sur le desir toujours croissant qu'il avait de parvenir au but pervers qu'il s'était proposé. Les Cortès reçurent du Gouvernement les commissions officielles relatives à un objet d'aussi grande importance; et, quoique les Cortès fussent persuadés déja qu'il était urgent de prendre une mesure vigoureuse pour prévenir les maux dont l'Espagne était menacée par la perfide politique du tyran, cependant le desir de donner une nouvelle preuve de prudence et de circonspection, prolongea leur incertitude, et les empêcha de décider s'il convenait ou non de rendre la chose publique. Mais aujourd'hui que la force des circonstances a dissipé les doutes, et levé toute incertitude, un plus long silence est sans motif, impossible même, et pourrait compromettre la sûreté de l'état. Nous avons vu avec quel empressement, avec quelle précipitation Buonaparte a réitiré ses intrigues ; chaque jour voit augmenter le péril de la France et de son tyran ; chaque instant voit s'agrandir la puissance et les conquêtes des alliés, et nous touchons, pour ainsi dire, à la grande crise qui va décider du sort de l'Europe. Dans ces circonstances extraordinaires, rien n'est plus convenable que d'éclairer l'opinion publique, principale force des états libres, de faire connaître à la nation que Buonaparte, en opprimant notre bon et bien-aimé monarque, cherche à perpétuer enEspagne l'influence ruineuse et la prépondérance désastreuse de la France, à entraver nos relations avec les puissances alliées, à nous séparer de la cause commune, et enfin à nous plonger, après six ans de désolation, dans les horreurs de la guerre civile et de l'anarchie. La nation instruite de tout, sera disposée à repousser toutes les intrigues de Napoléon, et les malignes suggestions des hommes pervers, qui, par des rapports mensongers, chercheraient à affaiblir son amour pour la personne sacrée du Roi, et sa confiance envers ses représentants. Il faut que la nation sache que ce sont eux qui ont écarté les malheurs dont elle était menacée, par leur sagesse à concilier le respect et l'honneur dus au monarque avec l'intérêt du bon ordre et de la sûreté publique. La publication de ces pièces, d'ailleurs, est d'autant plus nécessaire, que des motifs de convenance en ayant fait donner communication aux puissances alliées, il serait peu convenable que la nation reçût des renseignements de cette importance par des voies étrangères, et non par l'entremise de ses légitimes mandataires. L'opinion publique réclame donc cette publication, la politique la conseille, la nécessité l'exige.

En conséquence, la commission est d'avis que les pièces communiquées en séance secrète par le ministre d'état, soient rendues publiques, et qu'à l'exemple des Cortès extraordinaires qui accompagnèrent d'un manifeste la publication de leur fameux décret du 1er janvier 1811, les Cortès actuels doivent adresser à la nation un manifeste qui lui fasse connaître l'état du royaume, et qui consolide de plus en plus son amour formel pour Ferdinand VII, et sa juste confiance envers les Cortès.

C'est à vous, Messieurs, les députés réunis, qu'il appartient de statuer ce que vous jugerez le plus convenable.

Madrid, 5 février 1814.

(Suivent les signatures.)

FIN.

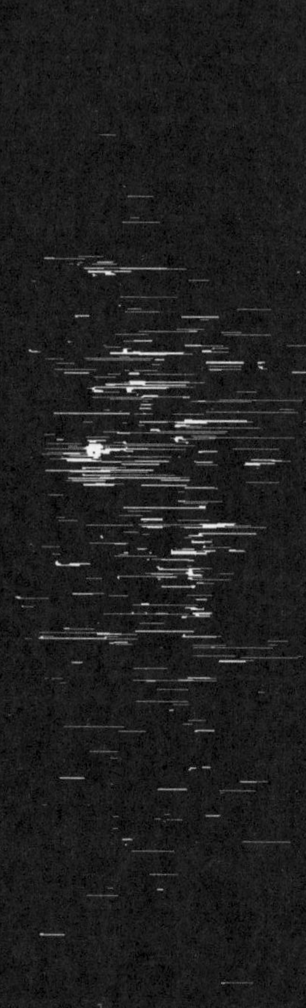